Tanja Dusy

SMOOTHIE ODER SALAT?

Eine Zutatenliste – zwei Möglichkeiten

SMOOTHIE ODER SALAT?

Für alle, die sich erst spontan
entscheiden können oder wollen:

VIEL GEMÜSE UND FRISCHES OBST ...

... lieber flüssig	→	oder mit Biss?
Mal grün, mal bunt,	→	aber immer voller Vitamine!
Als flotter Powerdrink	→	oder gesunde Salatsuperbowl,
nicht nur für Faule,	→	sondern auch für Rohkosteinsteiger.
Fix mixen	→	oder entspannt schnippeln
und dann einfach schlürfen	→	oder genussvoll aufgabeln.
So gibt's superschnell Gesundes	→	und Fitkost, die lange sättigen.
Für Eilige auf einen Schluck,	→	für Genießer Blatt für Blatt:
perfekt zum Mitnehmen in der Flasche,	→	in der Lunchbox oder im Glas.
Das ist supereinfach	→	und superlecker!

HERBST

WINTER

EIN FALL FÜR ZWEI

„Eigentlich müsste ich gesünder essen." Wir haben die besten Vorsätze, der Kühlschrank ist gefüllt mit frischen Zutaten – und trotzdem bekommen wir es oft nicht auf die Reihe, denn: Kochen ist zu kompliziert, kostet zu viel Zeit oder, oder ... Doch mit diesen Ausreden ist jetzt Schluss!

Die Lösung lautet: **SMOOTHIE ODER SALAT!** Denn nichts ist einfacher, als frisches Gemüse und Obst im Mixer in einen leckeren Fitdrink oder mit dem Küchenmesser und ein wenig Mehraufwand in einen knackigen Salat zu verwandeln. Und es kommt noch besser: Mit diesem Buch kann sich jeder ganz spontan entscheiden, ob er lieber flüssig oder mit Biss genießt, denn einmal einkaufen genügt!

Viele Salate haben eine Luxusvariante für Extra-Hungrige.

EIN EINKAUFSZETTEL FÜR ZWEI VÖLLIG VERSCHIEDENE REZEPTE: AUS EIN UND DENSELBEN ZUTATEN LÄSST SICH ENTWEDER EIN CREMIGER SMOOTHIE ODER EIN RAFFINIERTER, KNACKIGER SALAT ZAUBERN. KAUM ZU GLAUBEN, ABER UNENDLICH VIELFÄLTIG UND LECKER!

Am Abend unerwartet lange aus gewesen? Dann wandert am nächsten Morgen alles in den Mixer. Morgens zu spät aus dem Bett gekommen, um fürs Frühstück zu mixen? Dann wird das Ganze eben abends gemütlich geschnippelt, geraspelt und gehobelt. So ist es superleicht, seinem Körper täglich etwas Gutes zu tun. Denn egal, ob Smoothie oder Salat, in beiden Varianten steckt noch alles, was frisches Obst und Gemüse zu bieten haben: jede Menge Vitamine, Mineralstoffe und wertvolle sekundäre Pflanzenstoffe, die uns schlank, gesund und fit halten.

AUF DEN ZUTATENLISTEN STEHEN VOR ALLEM FRISCHES GEMÜSE UND ETWAS OBST, MÖGLICHST SAISONAL UND ABWECHSLUNGSREICH ZUSAMMENGESTELLT. AUCH OFT DABEI: NÜSSE, SAATEN, KRÄUTER UND GEWÜRZE, DIE MIT IHREN INHALTSSTOFFEN EINE GESUNDE ERNÄHRUNG PERFEKT ABRUNDEN.

Smoothie-Fan? Dann geht es bei hartem Gemüse nicht ohne Hochleistungsmixer.

Aufwendige Koch-Arien waren gestern: Jetzt bleibt der Ofen aus, denn es gibt beste, vollwertige Rohkost. Was man allerdings unbedingt in seiner Küche braucht: einen Hochleistungsmixer mit mindestens 35 000 Umdrehungen, der auch bei härteren Gemüsesorten wie Grünkohl oder Rote Bete nicht schlapp macht, ein gutes Allroundmesser und eine Rohkostreibe.

Die Basics

Salat ohne Essig und Öl? Und Smoothies, die nach grünem Salat schmecken? Das soll natürlich nicht sein! Hier hilft ein kleiner Grundvorrat als Ergänzung zu den frischen Zutaten. Keine Angst, dafür muss man keinen Großeinkauf starten. Das meiste steht eh in jeder Küche – und es kann munter getauscht werden. Hier die Basics auf einen Blick:

Essig

Idealerweise zwei Flaschen: einmal dunkel, einmal hell, weil einer würziger und einer milder ist: z. B. Aceto balsamico und Balsamico bianco, Rotwein- und Weißweinessig. Puristen oder Sparsame begnügen sich mit einer Flasche Sherryessig oder mildem Apfelessig im Regal. Kein Essig im Haus? Dann gibt Zitronensaft dem Gericht Saures!

Öl

gehört nicht nur aus geschmacklichen Gründen ins Essen, es hilft dem Körper auch, fettlösliche Vitamine richtig zu verwerten. Beste und gesündeste Variante: Oliven- oder Rapsöl. Wer will, gönnt sich auch mal edle Nussöle.

Milchprodukte

braucht man ab und an für cremige Salatdressings: Ein Becher Joghurt, saure Sahne, Buttermilch oder Kefir im Kühlschrank reicht – hier kann man dann gerne auch mal tauschen.

Zwiebel und Knoblauch

machen Salat herzhaft. Wählen Sie nach Vorliebe milde weiße oder kräftigere braune bzw. rote Zwiebelsorten. Die feine und edlere Alternative ohne beißende Schärfe sind Schalotten. Wichtig: kühl, trocken und dunkel lagern!

SALZ, PFEFFER UND SENF

sind wichtige Grundwürzen und sollten immer im Schrank stehen. Schöne Ergänzung: Chilisauce oder Chiliflocken (oder -pulver), Sojasauce und eventuell asiatische Fischsauce (zur Not durch Sojasauce ersetzen).

SÜSSES

muss nicht unbedingt sein, aber es gibt Smoothies und Salatsaucen häufig den letzten Schliff und einen Hauch Raffinesse. Man sollte nicht immer zu stark verarbeitetem weißem Zucker greifen. Gesündere und natürliche Alternativen sind Honig oder für Veganer Ahornsirup, Agavensirup, Kokosblütenzucker oder -sirup.

FRÜCHTE

sorgen ebenfalls für Süße in den Drinks. Ideale Früchte für ansonsten streng grüne Gemüsesmoothies sind Bananen oder Äpfel, die in den Grundvorrat gehören. Bananen (auch mal die übrige halbe) lassen sich geschält und in Stücke geschnitten in kleinen Gefrierdosen einfrieren und unaufgetaut mitmixen. Alternativen zu frischem Obst sind getrocknete Früchte, allen voran getrocknete Datteln, deren gesunder Zucker den Insulinspiegel nur gering ansteigen lässt und damit schlank hält.

WASSER

muss keiner extra kaufen, es kommt frisch aus dem Hahn, sollte aber möglichst kalkarm sein. Geschmackvolle Alternativen für Wasser in Smoothies sind zur Abwechslung einmal Kokoswasser, Aloe-vera-Wasser bzw. Kokos-, Nuss- oder Sojadrink.

SALAT
DE LUXE

FRÜHLINGS-ERWACHEN

Vorbei mit dem gemütlichen Winterschlaf! Wenn die ersten Gräser sprießen, wird es höchste Zeit, überflüssigen Winterspeck loszuwerden. Dazu startet man am besten mit einem Frühjahrsputz für den ganzen Körper: Viele Kräuter und frisches Grünzeug bringen die Zellen auf Trab und machen uns nach der kalten Jahreszeit fit und munter.

ZUTATENLISTE

- 1 Bund Radieschen
- 20 g Baby-Spinat (ersatzweise Postelein)
- 30 g Sauerampfer
- 1 kleiner Kopfsalat oder Mini-Romanasalat (40 g)
- 25 g Kerbel

FÜR DEN SMOOTHIE

ZUTATENLISTE PLUS

- 1 kleiner Apfel
- 100 ml kaltes Wasser (oder Mandelmilch)

Von den Radieschen benötigen Sie nur das Grün. Radieschenblätter, Spinat und Sauerampfer verlesen, grobe Stiele entfernen. Salat putzen und in einzelne Blätter teilen. Vorbereitete Zutaten sowie Kerbel waschen und trocken schleudern. Salat und Radieschenblätter grob schneiden. Apfel waschen, vierteln, entkernen und grob schneiden. Eine Kerbelspitze für die Deko beiseitelegen. Alle übrigen Zutaten mit Wasser oder Mandelmilch im Mixer fein pürieren. Nach Belieben mit Agavendicksaft süßen. In ein Glas füllen, mit Kerbel dekorieren.

ZUTATENLISTE PLUS

- 2 EL saure Sahne
- 1 EL Olivenöl
- 1 TL Weißweinessig
- Salz · Pfeffer aus der Mühle

FÜR DEN SALAT

Hier benötigen Sie nur die Radieschen ohne Grün: Radieschen putzen, waschen und in dünne Scheiben schneiden. Spinat und Sauerampfer verlesen und waschen, grobe Stiele entfernen. Sauerampfer in feine Streifen schneiden. Vom Salat die äußeren Blätter entfernen. Salat in die einzelnen Blätter teilen, waschen, trocken schleudern und in mundgerechte Stücke zupfen. Kerbel waschen, trocken schütteln und kleiner zupfen.

Für das Dressing die Hälfte des Kerbels, gut die Hälfte des Sauerampfers, 1 EL saure Sahne und das Olivenöl im Mixer fein pürieren. Essig und übrige saure Sahne unterrühren. Mit Salz und Pfeffer würzen. Salat, Spinat, Radieschen, übrigen Kerbel und Sauerampfer auf einem Teller anrichten und mit dem Dressing beträufeln.

FÜR DIE LUXUS-SATTMACHER-VARIANTE

2 Eier hart kochen, abschrecken und leicht abkühlen lassen. Pellen, halbieren, auf dem Salat verteilen und mit Salz und Pfeffer würzen.

Sauer macht lustig und Sauerampfer im Frühjahr garantiert munter. Er regt den Stoffwechsel an und ist das ideale Detox-Kraut. 100 g Sauerampfer haben übrigens denselben Vitamin-C-Gehalt wie eine Zitrone – perfekt für die Immunabwehr und gegen Schnupfen an den ersten warmen Tagen. Wer Sauerampfer nicht selbst auf der Wiese suchen kann, bekommt ihn als Topfpflanze in Gärtnereien oder als Kraut auf Märkten.

SALAT
DE LUXE

EARLY SPRING SLAW

Wer bei Kohl nur an deftige Winterküche denkt, sollte unbedingt einmal mit diesem mild-aromatischen Vertreter Bekanntschaft machen: Spitzkohl ist ein echtes Frühlingskind, das voller Vitamine steckt, kaum Kalorien hat und mit seinen zarten Blättern wesentlich besser bekömmlich ist als seine etwas derbere Herbst- und Winterverwandtschaft.

ZUTATENLISTE

- 100 g Spitzkohl
- 1 Möhre (ca. 100 g)
- 1 kleiner Apfel
- 1 EL Zitronensaft
- 1 Kästchen Kresse

FÜR DEN SMOOTHIE

ZUTATENLISTE PLUS

- 3 getrocknete Aprikosen
- 200 ml kaltes Wasser

Spitzkohl putzen, waschen, vierteln, vom harten Strunk befreien und in grobe Streifen schneiden. Möhre putzen, schälen und grob schneiden. Apfel waschen, vierteln, entkernen, in Stücke schneiden und mit Zitronensaft mischen. Die Kresse vom Beet schneiden, waschen und trocken tupfen. Die Aprikosen in grobe Würfel schneiden. Kohl, Möhre, Apfel, die Hälfte der Kresse und die Aprikosen mit dem Wasser im Mixer fein pürieren. Den Smoothie in ein Glas oder eine Flasche füllen und mit der restlichen Kresse bestreuen.

FÜR DEN SALAT

ZUTATENLISTE PLUS

- Salz
- 1 EL Salatmayonnaise
- 2 EL Buttermilch
- 2 EL Milch
- 1 TL Weißweinessig
- Pfeffer aus der Mühle
- Zucker

Den Spitzkohl putzen, waschen, vierteln, vom harten Strunk befreien und in feine Streifen hobeln. Mit 1 guten Prise Salz bestreuen, mit den Händen kurz durchkneten und 10 Minuten ziehen lassen. Die Möhre putzen, schälen und grob raspeln. Den Apfel waschen, vierteln, entkernen und in kleine Würfel schneiden. Die Apfelwürfel sofort mit 1 TL Zitronensaft mischen.

Die Mayonnaise mit Buttermilch, Milch, Essig und dem restlichen Zitronensaft verrühren. Das Dressing mit Salz, Pfeffer und 2 Prisen Zucker würzen. Sollte aus dem Kohl Saft ausgetreten sein, diesen abgießen. Kohl, Möhre, Apfel und Dressing mischen. Den Salat möglichst 1 bis 2 Stunden im Kühlschrank durchziehen lassen, dann nochmals durchmischen und mit Salz und Pfeffer abschmecken. Die Kresse vom Beet schneiden, waschen, trocken tupfen und unter den Salat heben.

FÜR DIE LUXUS-SATTMACHER-VARIANTE

30 g geröstete geräucherte Mandeln grob hacken oder längs halbieren. 80 g Frühstücksspeck in Scheiben (Bacon) in einer beschichteten Pfanne ohne Fett goldbraun und knusprig braten, auf Küchenpapier abtropfen und abkühlen lassen. Dann grob zerbrechen und mit den Mandeln zum Salat geben.

SWEET SUNRISE

Genießen Sie von diesem rot-gelben Duo am besten schon zu Beginn des Sommers reichlich: Erdbeeren und Tomaten unterstützen Sie auf dem Weg zur Bikini-Figur, und der in Tomaten enthaltene Stoff Lycopin kann dabei helfen, durch UV-Strahlen ausgelösten Hautschäden vorzubeugen. So lässt sich die schönste Zeit des Jahres ganz unbeschwert genießen!

ZUTATENLISTE

- 1 kleine gelbe Zucchini (ca. 120 g)
- 200 g Erdbeeren
- 200 g gelbe und rote Cocktailtomaten
- Mark von ⅓ Vanilleschote
- 1 TL flüssiger Honig (oder Agavendicksaft)
- 1 EL Zitronensaft

FÜR DEN SMOOTHIE

ZUTATENLISTE PLUS

- 5 g Ingwer

Zucchini putzen, waschen, längs vierteln und in grobe Stücke schneiden. Erdbeeren waschen und putzen. Tomaten waschen und halbieren. Vorbereitete Zutaten mit Vanillemark, Honig oder Agavendicksaft und Zitronensaft in den Mixer geben. Ingwer schälen, grob hacken und hinzufügen. Alles fein pürieren, in ein Glas füllen und je nach Süße der Beeren eventuell mit Honig oder Ahornsirup nachsüßen.

FÜR DEN SALAT

ZUTATENLISTE PLUS

- Salz
- 2–3 Stiele Basilikum
- 3 EL Balsamico bianco
- 2 EL Olivenöl
- Pfeffer aus der Mühle

Zucchini putzen, waschen und längs in dünne Scheiben hobeln. Mit Zitronensaft mischen, leicht salzen und kurz ziehen lassen. Inzwischen Erdbeeren waschen, putzen und längs in dicke Scheiben schneiden. Tomaten waschen und halbieren oder vierteln. Basilikum waschen, trocken schütteln und die Blätter abzupfen.

Vanillemark, Honig oder Agavendicksaft, Essig und Olivenöl gut verrühren. Das Dressing mit Salz und Pfeffer würzen. Die Zucchinischeiben leicht ausdrücken und auf einem Teller auslegen. Tomaten mit Erdbeeren und Basilikum mischen, leicht mit Salz und Pfeffer würzen und auf den Zucchinischeiben verteilen. Dressing darüberträufeln und nach Belieben Pfeffer grob darübermahlen.

FÜR DIE LUXUS-SATTMACHER-VARIANTE

80 g cremigen Ricotta leicht mit Salz und Pfeffer würzen und ebenfalls auf die Zucchinischeiben setzen. Mit etwas Olivenöl beträufeln und mit gehacktem Basilikum bestreuen.

Vanille schmeckt nicht nur in Pudding und Kuchen, sondern überrascht auch angenehm in Kombination mit säuerlichem Obst, Gemüse oder Essig. Doch sie ist nicht nur aromatisches Beiwerk: Sie enthält stimmungsaufhellende Stoffe, die gute Laune machen und einen tiefen, ruhigen Schlaf unterstützen können.

GREEN KING

Egal, ob grün oder violett: Kohlrabi punkten mit viel Vitamin C, Magnesium und Kalzium. Weil sie mild im Geschmack und gut verträglich sind, eignen sie sich wunderbar für Rohkost-Einsteiger, Kinder und Menschen mit empfindlichem Magen. Unschlagbar lecker sind die Knollen in Kombination mit süßem Apfel. Und: Die Blätter unbedingt mit verwenden!

ZUTATENLISTE

- 1 kleiner Kohlrabi (ca. 150 g)
- 1 grüner Apfel (ca. 80 g)
- 2 EL Zitronensaft
- 8 g Petersilie
- 10 g Basilikum
- 15 g Walnusskerne

FÜR DEN SMOOTHIE

ZUTATENLISTE PLUS

- 180 ml kaltes Wasser

Vom Kohlrabi 3 bis 4 zarte Blätter abschneiden, waschen und klein schneiden. Kohlrabi putzen, schälen und in grobe Stücke schneiden. Apfel waschen, vierteln und entkernen, in Stücke schneiden und mit dem Zitronensaft mischen. Petersilie und Basilikum waschen und die Blätter abzupfen. Die vorbereiteten Zutaten mit Walnüssen und Wasser im Mixer fein pürieren. Den Smoothie in ein Glas füllen.

ZUTATENLISTE PLUS

- 5 EL Olivenöl
- 2 EL geriebener Parmesan
- Salz · Pfeffer aus der Mühle
- 2 getrocknete Datteln (ohne Stein)

FÜR DEN SALAT

Vom Kohlrabi die inneren zarten Blätter abschneiden, waschen, grob schneiden und für das Pesto beiseitelegen. Kohlrabi putzen, schälen und auf der Rohkostreibe in feine Scheiben hobeln. Den Apfel waschen, vierteln, entkernen und in feine Scheiben hobeln. Die Apfelscheiben in einem tiefen Teller sofort mit 1 EL Zitronensaft und dann mit den Kohlrabischeiben mischen.

Für das Pesto Petersilie und Basilikum waschen, trocken schütteln und grob schneiden. Mit den beiseitegelegten Kohlrabiblättern, Walnüssen, dem restlichen Zitronensaft und dem Olivenöl in einem hohen Becher mit dem Stabmixer oder im Blitzhacker zu einem Pesto pürieren. Dabei eventuell wenig Wasser untermixen, bis die gewünschte Konsistenz erreicht ist. Den Parmesan untermischen. Das Pesto mit Salz und Pfeffer abschmecken. Die Datteln in feine Streifen schneiden und unter den Salat heben. Das Kohlrabipesto auf dem Salat verteilen.

Kohlrabiblätter sind zu schade für die Biotonne! In ihnen steckt aufs Gewicht bezogen nämlich doppelt so viel an gesunden Mineralstoffen und Vitaminen wie in der Knolle. Dasselbe gilt übrigens auch für andere Gemüsesorten: Schönes frisches Grün von Roten Beten, Radieschen und Möhren also unbedingt für den nächsten Smoothie sichern!

RADIFIX

Verflixt, sind die scharf! Und pink! Das sind mindestens zwei gesunde Gründe, Radieschen häufiger zu essen – nicht nur zu Butterbrot. Die für die Schärfe verantwortlichen Senföle wirken gegen Viren und Bakterien, die Farbstoffe als zellschützende Antioxidanzien. Damit punkten Radieschen in jeder Frühjahrsfitkur – egal, ob im Smoothie oder im Salat.

ZUTATENLISTE

- 1 Bund Radieschen
- 120 g Salatgurke
- 40 g zarte Kopfsalatblätter
- 125 g Buttermilch
- Salz · Pfeffer aus der Mühle
- ½ Kästchen Kresse

FÜR DEN SMOOTHIE

Die Radieschen putzen, waschen und grob schneiden. Die Gurke schälen und in grobe Würfel schneiden. Die Salatblätter waschen, trocken schleudern und grob zerzupfen. Die vorbereiteten Zutaten mit der Buttermilch im Mixer schaumig pürieren. Den Smoothie mit Salz und Pfeffer würzen und in ein Glas füllen. Die Kresse vom Beet schneiden, waschen, trocken tupfen und daraufstreuen.

ZUTATENLISTE
PLUS

- 1 ½ EL Weißweinessig
- 1 TL Meerrettich (aus dem Glas)
- Zucker

FÜR DEN SALAT

Von den Radieschen einige zarte Blätter abschneiden, waschen trocken schleudern, grob hacken und beiseitelegen. Die Radieschen putzen, waschen und in dünne Scheiben schneiden. Die Gurke waschen und mit dem Sparschäler längs in langen Streifen abziehen. Die Salatblätter waschen, trocken schleudern und kleiner zupfen.

Buttermilch, Essig und Meerrettich verrühren, mit Salz, Pfeffer und 1 bis 2 Prisen Zucker würzen. Die Kresse vom Beet schneiden, waschen und trocken tupfen. Gut die Hälfte der Kresse mit Salat, Gurke, Radieschen und Dressing auf einem Teller mischen. Mit der übrigen Kresse und den gehackten Radieschenblättern bestreuen.

FÜR DIE LUXUS-SATTMACHER-VARIANTE

70 g ganz frisches rohes Lachsfilet (Sushi-Qualität) waschen, trocken tupfen und fein hacken. Den Lachs leicht mit Salz und Pfeffer würzen und mit 1 bis 2 EL Zitronensaft 10 bis 15 Minuten marinieren, bis er leicht weißlich wird. Anschließend unter den Salat mischen. Wer keinen rohen Fisch mag, kann den Salat auch wie oben beschrieben zubereiten und 70 g Räucherlachs (in Scheiben) darauflegen.

Wie Radieschen sind Kresseblättchen mit ihren anregenden Senfölen gesunde Scharfmacher und ideal für eine Frühjahrsgesundkur. Die antioxidative Wirkung von Kresse soll zusätzlich sogar vor Herz-Kreislauf-Erkrankungen schützen.

OLIVIA'S GREEN SECRET

Den hat sich die gertenschlanke Olivia von Popeye abgeschaut: Spinat, der dezent die Muskeln fördert und den Appetit auf natürliche Weise zügelt. Dazu kombinieren clevere Seemannsbräute Heidelbeeren und Avocado, die mit ihren Inhaltsstoffen dazu beitragen, dass die Haut auch bei Sturm und Wetter länger glatt und faltenfrei bleibt.

ZUTATENLISTE

- 60 g Baby-Spinat
- ½ reife Avocado
- 1 EL Zitronensaft
- 70 g Heidelbeeren
- 1 EL Pinienkerne
- 1 TL Honig (oder Kokosblütensirup)

FÜR DEN SMOOTHIE

ZUTATENLISTE PLUS

- 1 TL gemahlene Hanfsamen (Hanfpulver)
- 300 ml kaltes Wasser

Den Spinat verlesen und waschen. Aus der Avocadohälfte den Stein entfernen. Das Fruchtfleisch mit einem Löffel aus der Schale lösen, in grobe Stücke schneiden, in den Mixer geben und sofort mit dem Zitronensaft beträufeln. Heidelbeeren verlesen, waschen und mit Spinat, Pinienkernen, Honig oder Kokosblütensirup, Hanf und Wasser in den Mixer geben. Alles fein pürieren. Den Smoothie eventuell mit Honig oder Kokosblütensirup nachsüßen und in ein Glas füllen.

FÜR DEN SALAT

ZUTATENLISTE PLUS

- 2 TL Aceto balsamico
- 2 EL Olivenöl (oder Mandelöl)
- Salz · Pfeffer aus der Mühle

Die Pinienkerne in einer Pfanne ohne Fett goldbraun rösten und abkühlen lassen. Den Spinat verlesen, waschen, trocken schleudern und auf einem Teller anrichten. Aus der Avocadohälfte den Stein entfernen. Die Avocado schälen und das Fruchtfleisch längs in Scheiben schneiden, die Scheiben sofort mit dem Zitronensaft beträufeln und auf dem Spinat verteilen. Die Heidelbeeren verlesen, waschen und ebenfalls auf dem Salat verteilen.

Für das Dressing den Honig oder Kokosblütensirup mit dem Essig verrühren, dann das Öl kräftig unterschlagen. Das Dressing mit Salz und Pfeffer kräftig würzen und über den Salat träufeln. Die Pinienkerne darüberstreuen.

FÜR DIE LUXUS-SATTMACHER-VARIANTE

Den Backofen auf 225 °C vorheizen. 1 bis 2 kleine frische Ziegenkäse (à ca. 150 g, z. B. Crottin de Chavignol) in einer ofenfesten Form mit 1 TL Olivenöl beträufeln und im Ofen auf der mittleren Schiene 10 bis bis 12 Minuten goldbraun backen. Auf den Salat geben und Pfeffer grob darübermahlen.

Hanfpulver ist ein hochwertiges natürliches pflanzliches Protein und hilft beim Muskelaufbau. Damit ist der grüne Smoothie eine prima Alternative zu Eiweißdrinks aus dem Fitnessstudio – und Sie wissen genau, was drin ist!

SALAT
DE LUXE

MR. KULLERRUND & MRS. GESUND

Grüne Erbsen sind ideal für Vegetarier: Als pflanzliche Eiweißlieferanten machen sie den Smoothie zum natürlichen Proteinshake. Neben den Muskeln profitieren auch Bindegewebe, Haut und Haare von den Inhaltsstoffen – egal, ob im Drink oder Salat. Lassen Sie also ruhig öfter mal ein paar Erbsen ins Glas oder auf den Teller kullern.

ZUTATENLISTE

- 120 g Erbsen (tiefgekühlt)
- 1 Romanasalat (ca. 80 g)
- 2–3 Stiele Minze
- ½ reife Avocado
- 1 TL Zitronensaft

FÜR DEN SMOOTHIE

ZUTATENLISTE PLUS

- 2 EL Ahornsirup
- 150 ml kaltes Wasser
- 1 EL Kakaonibs

Die Erbsen in den Mixer geben. Den Romanasalat putzen, waschen und grob schneiden. Die Minze waschen, die Blätter abzupfen. Aus der Avocadohälfte den Stein entfernen. Das Fruchtfleisch mit einem Löffel aus der Schale lösen, in grobe Stücke schneiden und sofort mit Zitronensaft, Salat, Minze, Ahornsirup, Wasser sowie der Hälfte der Kakaonibs in den Mixer geben. Alles fein pürieren. Den Smoothie in ein Glas füllen und mit den übrigen Kakaonibs bestreuen.

FÜR DEN SALAT

ZUTATENLISTE PLUS

- Salz
- 1 Stiel Estragon
- 1 EL saure Sahne
- 1½ EL Weißweinessig
- ½ TL Dijonsenf
- 2 EL Rapsöl
- Pfeffer aus der Mühle

Für den Salat die Erbsen in Salzwasser 5 bis 7 Minuten blanchieren. In ein Sieb abgießen, kalt abschrecken und gut abtropfen lassen. Romanasalat putzen, waschen, trocken schleudern und in Streifen schneiden. Aus der Avocadohälfte den Stein entfernen. Die Avocado schälen und das Fruchtfleisch in etwa 1 cm große Würfel schneiden, die Scheiben mit dem Zitronensaft mischen. Minze und Estragon waschen und trocken schleudern, die Blätter abzupfen und hacken.

Für das Dressing saure Sahne, Essig und Senf verrühren und das Öl unterschlagen. Minze und Estragon untermischen. Erbsen, Avocado, Salat und Dressing in einem Schälchen anrichten. Den Salat nochmals mit Salz und Pfeffer abschmecken und nach Belieben mit Kresse bestreuen.

FÜR DIE LUXUS-SATTMACHER-VARIANTE

Wer möchte, schneidet 100 g geräucherte Putenbrust (vom Metzger eine dicke Scheibe abschneiden lassen) in kleine Würfel oder Stifte und richtet diese dann mit den übrigen Zutaten im Schälchen an.

Im Smoothie sorgen Kakaonibs zusammen mit Minze für den unwiderstehlichen After-Eight-Schokogeschmack. Doch die kleinen Splitter aus rohen, getrockneten Kakaobohnen können noch mehr: Mit ihrem hohen Gehalt an Flavanolen tragen sie zur Gesundheit von Herz und Gefäßen bei – ein echtes Superfood eben!

SALAT
DE LUXE

SPRUNG IN DEN POOL

Egal, ob im Sommer, beim Sport oder wenn es anderswo heiß hergeht: Diese minzefrische Kombi ist immer dann angesagt, wenn man mal wieder so richtig ins Schwitzen gekommen ist. Denn Gurke und Melone tanken den Körper nicht nur wieder mit Wasser auf, sondern auch mit jeder Menge verloren gegangener Mineralstoffe.

ZUTATENLISTE

- ½ Netz- oder Galiamelone (ca. 300 g)
- ⅓ Salatgurke (ca. 150 g)
- ½ reife Avocado
- 2 Stiele Minze
- 1–2 TL Limettensaft
- 1–2 Msp. Chiliflocken

FÜR DEN SMOOTHIE

ZUTATENLISTE PLUS

- brauner Zucker

Aus der Melone die Kerne mit einem Löffel herauskratzen. Die Melone sowie die Gurke schälen und in grobe Stücke schneiden. Aus der Avocadohälfte den Stein entfernen, das Fruchtfleisch mit einem Löffel aus der Schale lösen und in Stücke schneiden. Die Minze waschen und trocken schütteln, die Blätter abzupfen und nach Belieben einige davon für die Deko beiseitelegen. Melone, Gurke, Avocado, Minze und Limettensaft im Mixer schaumig pürieren. Mit 1 bis 2 Prisen Zucker süßen, in ein Glas füllen und mit Chiliflocken bestreuen. Eventuell mit Minze dekorieren.

FÜR DEN SALAT

ZUTATENLISTE PLUS

- Salz · Pfeffer aus der Mühle
- 2 EL geröstete, gesalzene Erdnüsse

Aus der Melone die Kerne mit einem Löffel herauskratzen. Melone schälen und das Fruchtfleisch in mundgerechte Stücke schneiden. Die Gurke waschen und längs mit dem Sparschäler schälen, sodass dazwischen jeweils ein Streifen Schale stehen bleibt. Die Gurke in dünne Scheiben schneiden. Aus der Avocado den Stein entfernen. Die Avocado schälen und das Fruchtfleisch in mundgerechte Stücke schneiden. Die Minze waschen und trocken schütteln, die Blätter abzupfen und in Streifen schneiden.

Melone, Gurke, Avocado, Minze, Limettensaft und Chiliflocken in einer Schüssel mischen. Den Salat leicht mit Salz und Pfeffer würzen. Die Erdnüsse grob hacken und den Salat damit bestreuen.

FÜR DIE LUXUS-SATTMACHER-VARIANTE

1 kleine Knoblauchzehe schälen und fein hacken. 2 EL Öl in einer Pfanne erhitzen und 100 g rohe Garnelen (ohne Schale und Kopf) mit dem Knoblauch darin bei starker Hitze 3 Minuten braten. Mit Salz und Pfeffer würzen, ½ TL Chilisauce (z. B. Sriracha) und 2 EL Wasser unterrühren. Alles 2 bis 3 Minuten weitergaren, bis die Flüssigkeit verdunstet ist. Die Garnelen warm unter den Salat mischen, daraufgeben oder separat dazu servieren.

HOT SUMMER

Warum wir den Sommer so lieben? Unter anderem, weil es dann kunterbuntes, kerngesundes Gemüse in Hülle und Fülle gibt. Gerade die typisch mediterranen Sorten wie Tomate, Paprika und Fenchel liefern reichlich Vitamine bei nur wenig Kalorien. Eine gute Ergänzung zu den Schlankmachern: Eine Prise Chili regt die Verdauung an und lässt Pfunde purzeln.

ZUTATENLISTE

1 gelbe Paprikaschote (ca. 100 g)

1 Fenchelknolle (ca. 80 g)

1 kleine Möhre (60 g)

5 rote Cocktailtomaten

1–2 Msp. Chiliflocken

FÜR DEN SMOOTHIE

ZUTATENLISTE PLUS

- ½ Banane (in Stücken, tiefgekühlt)
- 180 ml kaltes Wasser

Paprika längs halbieren, entkernen, waschen und in grobe Stücke schneiden. Fenchel putzen, waschen und in grobe Würfel schneiden, dabei den harten Strunk entfernen. Möhre putzen, schälen und in Stücke schneiden. Tomaten waschen. Vorbereitetes Gemüse, Banane und Wasser im Mixer fein pürieren. In ein Glas füllen und mit Chili bestreuen.

FÜR DEN SALAT

ZUTATENLISTE PLUS

- 1 rote Zwiebel
- 1 Knoblauchzehe
- 3 Zweige Thymian
- 2 EL Olivenöl
- Salz · Pfeffer aus der Mühle
- 1½ EL Aceto balsamico
- 1 Bund Rucola

Backofen auf 200 °C vorheizen. Paprika längs halbieren, entkernen, waschen und in kleine Stücke schneiden. Fenchel putzen, waschen und halbieren, den harten Strunk entfernen. Die Fenchelknolle längs in schmale Streifen schneiden. Möhre putzen, schälen und schräg in dünne Scheiben schneiden. Tomaten waschen und halbieren. Zwiebel und Knoblauch schälen, Zwiebel in schmale Spalten, Knoblauch in feine Scheiben schneiden. Thymian waschen und trocken schütteln, Blättchen abzupfen und grob hacken.

Die vorbereiteten Zutaten in einer ofenfesten Form mit Chiliflocken und Olivenöl mischen. Mit Salz und Pfeffer würzen, im Ofen auf der mittleren Schiene 45 bis 50 Minuten garen, dabei nach 10 Minuten eventuell etwas Wasser hinzufügen. Das Gemüse während der gesamten Garzeit ein- bis zweimal durchmischen.

Das Gemüse aus dem Ofen nehmen und etwas abkühlen lassen, dann den Essig unterrühren. Anschließend lauwarm oder vollständig abkühlen lassen. Den Salat auf einem Teller anrichten. Rucola verlesen, waschen und trocken schleudern, die groben Stiele entfernen. Die Rucolablätter eventuell kleiner zupfen und auf den Salat geben.

Capsaicin heißt der Wunderstoff in Chilis, der einerseits für die brennende Schärfe verantwortlich ist, andererseits aber auch anregend auf Verdauung, Kreislauf und Durchblutung wirkt. Und seit alters her sagt man ihm auch nach, in anderer Hinsicht ein echter Scharfmacher zu sein …

PEACH-TREE

Süß, saftig und mit diesem unvergleichlichen Geschmack nach Sommer am Strand – das fällt einem meist zuerst bei Pfirsichen ein. Was einem zukünftig noch einfallen könnte? Zum Beispiel, was amerikanische Wissenschaftler herausgefunden haben: Pfirsiche und Nektarinen enthalten Stoffe, die unsere Gefäße schützen sowie Cholesterinwerte und Blutdruck senken. Gute Gründe, den Pfirsichsommer zu genießen!

ZUTATENLISTE

- 2 reife Pfirsiche
- 80 g Salatgurke
- 50 g Kopfsalatblätter
- 10 g Rucola
- 2–3 Basilikumblätter
- 1 TL Honig

FÜR DEN SMOOTHIE

ZUTATENLISTE PLUS

- 3 Eiswürfel

Pfirsiche waschen, vierteln, entsteinen und grob schneiden. Gurke waschen und grob schneiden. Salat putzen und waschen. Rucola verlesen und waschen, grobe Stiele entfernen. Basilikum waschen. Salat, Rucola sowie Basilikum grob zerzupfen. Mit Pfirsichen, Gurke und Eiswürfeln im Mixer fein pürieren. Den Smoothie mit Honig süßen.

FÜR DEN SALAT

ZUTATENLISTE PLUS

- 2 ½ EL Olivenöl
- Salz · Pfeffer aus der Mühle
- 3 EL Aceto balsamico

Die Pfirsiche waschen, halbieren und entsteinen. Die Hälften in je 3 gleichmäßige Spalten schneiden und mit 1 EL Olivenöl mischen, sodass sie gleichmäßig mit Öl überzogen sind. Eine Grillpfanne erhitzen und die Pfirsiche darin bei starker Hitze auf jeder Seite je 1 Minute anbraten. Aus der Pfanne nehmen, mit Salz und Pfeffer würzen und abkühlen lassen.

Inzwischen die Gurke waschen, längs halbieren und quer in Scheiben schneiden. Salat putzen und waschen. Rucola verlesen und waschen, grobe Stiele entfernen. Salat und Rucola trocken schleudern, grob zerzupfen, mit den Gurkenscheiben mischen und auf einem Teller anrichten. Die Pfirsiche darauf verteilen.

Für die Vinaigrette den Honig mit Essig sowie etwas Salz und Pfeffer verrühren, dann das restliche Olivenöl unterschlagen. Basilikumblätter waschen, trocken tupfen, in Streifen schneiden und unterrühren. Den Salat mit der Vinaigrette beträufeln.

FÜR DIE LUXUS-SATTMACHER-VARIANTE

Verteilen Sie zusätzlich 2 bis 3 Scheiben rohen Schinken (Parma- oder San-Daniele-Schinken) auf dem Salat. Wer es lieber vegetarisch mag: Auch Büffelmozzarella schmeckt hervorragend dazu.

SALAT
DE LUXE

TIGER IM DSCHUNGEL

Spinat, Sellerie und Apfel bringen mit ihrem hohen Ballaststoffgehalt unsere Verdauung in Fahrt und putzen den Darm schonend durch. Und auch Koriandergrün hilft bei der sommerlichen Aufräumaktion: Es fördert nicht nur die Verdauung, sondern wirkt ganz nebenbei auch noch antibakteriell und entgiftend.

ZUTATENLISTE

- 80 g Baby-Spinat
- 1 Stange Staudensellerie
- 1 kleiner Apfel (ca. 80 g)
- 8 g Koriandergrün
- 1 EL Erdnussmus (aus dem Bioladen)

FÜR DEN SMOOTHIE

ZUTATENLISTE PLUS

- 2 getrocknete (Medjool-) Datteln
- 180 ml kaltes Wasser
- 1–2 TL Limettensaft

Spinat verlesen, waschen und leicht trocken schütteln. Sellerie putzen, waschen und in grobe Stücke schneiden. Apfel waschen und in Stücke schneiden, dabei das Kerngehäuse entfernen. Koriandergrün waschen, trocken schütteln und grob schneiden. Datteln entsteinen und grob schneiden. Die vorbereiteten Zutaten mit Erdnussmus und Wasser im Mixer fein pürieren. Den Smoothie mit Limettensaft abschmecken und in ein Glas füllen.

ZUTATENLISTE PLUS

- 1 TL Sweet Chilisauce
- 1 TL Sojasauce
- 2 EL Limettensaft
- 3–4 EL Wasser
- Salz

FÜR DEN SALAT

Spinat verlesen, waschen und trocken schleudern. Sellerie putzen, waschen und schräg in dünne Scheiben schneiden. Apfel waschen, achteln und entkernen. Die Achtel in feine Stücke oder längs in dünne Spalten schneiden. Koriandergrün waschen, trocken schütteln und grob schneiden oder zerpflücken.

Für das Dressing Erdnussmus, Sweet Chilisauce, Sojasauce, Limettensaft und Wasser glatt verrühren, mit Salz abschmecken. Spinat, Sellerie und Apfel auf einem Teller oder in einem Schälchen locker mit dem Dressing mischen. Den Salat mit Koriandergrün bestreuen.

FÜR DIE LUXUS-SATTMACHER-VARIANTE

150 g Hähnchenbrustfilet in 3 schmale Streifen schneiden und diese wellenförmig auf Schaschlikspieße stecken. 5 g Ingwer sowie 1 Knoblauchzehe schälen, fein hacken und mit 1 EL Sojasauce, 2 Msp. Chiliflocken, ½ TL gemahlenem Koriander und 2 EL Öl in einem Gefrierbeutel mischen. Spieße hineingeben, den Beutel verschließen und etwas schütteln, bis das Fleisch mit Marinade überzogen ist. Im Kühlschrank 2 Stunden marinieren. Die Spieße aus dem Beutel nehmen, salzen und pfeffern. In einer Grillpfanne bei starker Hitze auf beiden Seiten etwa 4 Minuten braten, dann bei schwacher Hitze 5 bis 6 Minuten fertig garen. Zum Salat servieren.

ONE NIGHT IN BANGKOK

Wer sich mit dieser thailändisch inspirierten Mischung stärkt, muss sich vor nächtlichen Abenteuern nicht fürchten: Denn Mango und Möhre liefern reichlich Vitamin A, das die Augen stärkt. So behalten Sie auch im Dunkeln den nötigen Durchblick und sind dank Ingwer, Minze und Zitronengras auch ansonsten frisch und wach!

ZUTATENLISTE

- ½ Mango (ca. 200 g)
- 200 g Salatgurke
- 1 Möhre (ca. 120 g)
- 5 g Ingwer
- 1 Stängel Zitronengras
- 1 Stiel Minze
- 1 EL Limettensaft
- 1 EL dunkle Sesamsamen

FÜR DEN SMOOTHIE

Mango schälen, das Fruchtfleisch vom Stein und in grobe Stücke schneiden. Gurke waschen, Möhre putzen und schälen. Beides in grobe Stücke schneiden. Ingwer schälen und grob hacken. Vom Zitronengras die unteren 10 cm putzen und fein hacken. Minze waschen, die Blätter abzupfen. Vorbereitete Zutaten mit Limettensaft im Mixer pürieren. In ein Glas füllen, mit Sesam und nach Belieben Minze dekorieren.

ZUTATENLISTE PLUS

- 1 kleine rote Chilischote
- 1 EL Weißweinessig
- 1 EL Sojasauce
- 1 EL geröstetes Sesamöl
- ½ TL brauner Zucker
- Salz · Pfeffer aus der Mühle

FÜR DEN SALAT

Die Mango schälen, das Fruchtfleisch vom Stein und dann in mundgerechte Stücke schneiden. Die Gurke waschen und mit dem Sparschäler längs in dünnen Scheiben abziehen. Die Möhre putzen, schälen und ebenfalls in dünnen Scheiben abziehen. Den Ingwer schälen und fein hacken. Vom Zitronengras die unteren 10 cm putzen und möglichst fein hacken. Die Minze waschen und trocken schütteln, die Blättchen abzupfen und beiseitelegen. Chilischote längs halbieren, entkernen, waschen und fein hacken.

Für das Dressing den Limettensaft mit Essig, Sojasauce, Öl, Zucker Salz und Pfeffer so lange verrühren, bis sich der Zucker aufgelöst hat. Dann Zitronengras, Chili und Ingwer untermischen.

Mango, Möhre und Gurke vorsichtig in einem Schälchen mit dem Dressing mischen. Den Salat zugedeckt 15 bis 20 Minuten durchziehen lassen. Die Minzeblätter nach Belieben in Streifen schneiden oder ganz lassen und mit dem Sesam auf dem Salat verteilen.

Zitronengras ist nicht nur herrlich erfrischend, sondern soll mit seinen Inhaltsstoffen auch beruhigen und gute Laune machen. Achten Sie immer darauf, dass der „Glücklichmacher" schön frisch und nicht eingetrocknet ist. Im Kühlschrank hält sich Zitronengras mehrere Wochen – bereits gehackt, kann man es auch prima einfrieren.

JOY

SALAT
DE LUXE

ALADINS WUNDERGEMÜSE

Wer Brokkoli nur gedünstet kennt, verpasst etwas: Gerade roh ist er eines der stärksten Vitalgemüse überhaupt. Grund genug, ihn im Smoothie zu genießen oder ihm auch einmal in der Salatschüssel die Hauptrolle zu gönnen. Klein gehackt, wird er zu grünem Taboulé, das mit Tahin und orientalischen Gewürzen auch nach 1001 Mal noch super schmeckt.

ZUTATENLISTE

- 100 g Brokkoli (ohne dicken Stiel)
- 1 Stange Staudensellerie (mit Grün)
- 1 kleine Möhre (ca. 25 g)
- 1 reife Aprikose
- 3 Stiele glatte Petersilie
- 1 Orange
- 1 EL Tahin (Sesammus)
- 1 EL Rosinen

FÜR DEN SMOOTHIE

ZUTATENLISTE PLUS

- 200 ml kaltes Wasser (oder Mandelmilch)

Brokkoli putzen, waschen und grob zerteilen. Vom Sellerie nur das Grün verwenden, dieses waschen und grob schneiden. Möhre putzen, schälen und in grobe Stücke schneiden. Aprikose waschen, halbieren, entsteinen und grob würfeln. Petersilie waschen, trocken schütteln und grob zerzupfen. Orange halbieren und den Saft auspressen. Vorbereitete Zutaten mit Tahin, Rosinen und Wasser oder Mandelmilch in den Mixer geben. Nach Belieben 2 getrocknete Datteln (ohne Stein) klein schneiden und hinzufügen, dann alles fein pürieren. Den Smoothie in ein Glas füllen und nach Belieben mit Selleriegrün dekorieren.

FÜR DEN SALAT

ZUTATENLISTE PLUS

- 1–2 EL Zitronensaft
- 1 ½ EL Naturjoghurt
- Salz · Pfeffer aus der Mühle
- ⅓ TL Garam Masala

Brokkoli putzen, waschen und in Röschen teilen. Die Röschen erst in dünne Scheiben schneiden und dann klein hacken. Sellerie putzen und waschen. Das Grün beiseitelegen, die Stange längs halbieren und in kleine Stücke schneiden. Möhre putzen, schälen und grob raspeln. Aprikose waschen, halbieren, entsteinen und längs in Spalten schneiden. Petersilie waschen und trocken schütteln, die Blätter abzupfen und mit dem Selleriegrün grob schneiden oder hacken. Die Orange halbieren und den Saft auspressen.

Für das Dressing das Tahin mit 5 bis 6 EL Orangensaft, Zitronensaft und Joghurt glatt verrühren. Das Dressing mit Salz, Pfeffer und Garam Masala würzen, mit den vorbereiteten Salatzutaten sowie den Rosinen in einem Schälchen mischen. Den Salat mindestens 5 Minuten durchziehen lassen.

FÜR DIE LUXUS-SATTMACHER-VARIANTE

40 g Basmati-Wildreis-Mischung nach Packungsanweisung garen, lauwarm oder vollständig abkühlen lassen und mit dem Dressing unter die übrigen Salatzutaten mischen. Den Salat 5 bis 10 Minuten ziehen lassen.

SALAT
DE LUXE

GREEN COOLER

Hier geht die schlichte Salatgurke einmal fremd: Statt mit Dill und saurer Sahne kommt sie in exotischer Kombi mit Ananas ganz groß raus. Und dabei treffen sich zwei echte Schlankmacher: Erfrischend und leicht ersetzen sie zugleich Flüssigkeit und Mineralstoffe, die der Körper bei schweißtreibender Sommerhitze verliert.

ZUTATENLISTE

- 200 g Ananas
- 80 g Salatgurke
- ½ reife Avocado
- Saft von ½ Limette
- 1 Stängel Zitronengras
- 15 g Koriandergrün
- 2 Stiele Minze

FÜR DEN SMOOTHIE

ZUTATENLISTE PLUS

- 120 ml kaltes Wasser (oder Kokoswasser)

Ananas schälen und den Strunk entfernen, das Fruchtfleisch in grobe Stücke schneiden. Gurke waschen und in grobe Stücke schneiden. Aus der Avocadohälfte den Stein entfernen, das Fruchtfleisch mit einem Löffel aus der Schale lösen und sofort mit 1 EL Limettensaft beträufeln. Vom Zitronengras die unteren 10 cm putzen und fein hacken. Koriandergrün und Minze waschen, trocken schütteln und die Blätter abzupfen. Alles mit dem übrigen Limettensaft und Wasser oder Kokoswasser im Mixer fein pürieren.

ZUTATENLISTE PLUS

- 1 rote Zwiebel
- 1 kleine rote Chilischote
- ½ TL brauner Zucker
- ca. 2 EL Fischsauce

FÜR DEN SALAT

Ananas schälen und den Strunk entfernen. Fruchtfleisch in mundgerechte Stücke schneiden, dabei den Saft auffangen. Gurke waschen und mit dem Sparschäler längs so schälen, dass zwischen den Streifen jeweils etwas Schale stehenbleibt. Gurke längs vierteln und in mundgerechte Stücke schneiden. Avocado entsteinen, schälen, in mundgerechte Stücke schneiden und mit 1 EL Limettensaft mischen. Vom Zitronengras die unteren 10 cm putzen und fein hacken. Die Zwiebel schälen und in feine Streifen schneiden. Chili längs halbieren, entkernen, waschen und in feine Streifen schneiden.

Zucker, übrigen Limettensaft und 2 EL Fischsauce verrühren. Chili und Zitronengras untermischen. Ananas samt Saft, Gurke, Avocado und Zwiebel mit dem Dressing mischen, 10 Minuten ziehen lassen. Koriander und Minze waschen und trocken schütteln, die Blätter abzupfen, grob hacken und unter den Salat mischen. Nochmals mit Fischsauce abschmecken.

FÜR DIE LUXUS-SATTMACHER-VARIANTE

120 g Hähnchenbrustfilet in Streifen schneiden. 1 Knoblauchzehe schälen und fein hacken. 2 EL Öl in einer Pfanne erhitzen, Fleisch mit Knoblauch darin bei starker Hitze anbraten. Salzen, peffern und bei schwacher Hitze fertig garen. Lauwarm mit dem Salat mischen.

MINUTES
SIPS
MOUTHFULS

MANGO-TANGO

Hier bittet die tropisch temperamentvolle Mango unseren spröden heimischen Mangold um den nächsten Tanz in der Schüssel oder im Mixer. Dabei geben sie ein äußerst harmonisches Paar ab: Beide enthalten reichlich Vitamin A, das nicht nur für gute Augen sorgt, sondern auch dazu beiträgt, Haut und Schleimhäute gesund zu erhalten.

ZUTATENLISTE

- 100 g buntstieliger Mangold
- 1 Stange Staudensellerie
- ½ Mango (ca. 150 g)
- 20 g krause Petersilie
- Saft von 1 Orange
- 2 EL Mandelstifte
- 1 EL Rapsöl

FÜR DEN SMOOTHIE

ZUTATENLISTE PLUS
- 100 ml kaltes Wasser

Mangold waschen und trocken schütteln. Für den Smoothie die Stiele entfernen, die Blätter (ca. 60 g) grob schneiden. Sellerie putzen, waschen und in Stücke schneiden. Mango schälen und das Fruchtfleisch in Stücken vom Stein schneiden. Petersilie waschen, trocken schütteln und klein schneiden. Vorbereitete Zutaten mit Orangensaft, Mandelstiften, Öl und Wasser im Mixer fein pürieren. Den Smoothie in ein Glas füllen.

FÜR DEN SALAT

ZUTATENLISTE PLUS
- 3 Frühlingszwiebeln
- 50 g rote Linsen
- ½ TL Currypulver (Sorte nach Belieben)
- 250 ml Gemüsebrühe
- 1½ EL Balsamico bianco
- Salz · Pfeffer aus der Mühle

Mangold putzen, waschen und trocken schütteln. Die Blätter in 1 cm breite Streifen, die Stiele separat in etwa 5 mm breite Stücke schneiden. Sellerie putzen, waschen, längs halbieren und in kleine Stücke schneiden. Frühlingszwiebeln putzen und waschen, die grünen und weißen Teile getrennt in Ringe schneiden.

Das Öl in einem Topf erhitzen und die weißen Zwiebelringe darin andünsten. Linsen dazugeben, Currypulver darüberstäuben und kurz mitrösten. Brühe angießen und alles zugedeckt bei schwacher bis mittlerer Hitze 5 bis 6 Minuten köcheln lassen. Mangoldstiele, Sellerie und Orangensaft unterrühren und 5 Minuten weitergaren. Mangoldblätter hinzufügen und 1 Minute fertig garen. Die Linsenmischung in ein Sieb abgießen und abtropfen lassen, dabei den Sud auffangen. Lauwarm abkühlen lassen. Vom Sud 5 bis 6 EL abnehmen und mit dem Essig verrühren, mit Salz und Pfeffer würzen. Linsengemüse in einem Schälchen mit dem Dressing mischen.

Mango schälen, Fruchtfleisch vom Stein und dann in kleine Würfel oder Spalten schneiden. Petersilie waschen und trocken schütteln, Blätter abzupfen und grob hacken. Mandeln in einer Pfanne ohne Fett goldgelb rösten, herausnehmen. Mango sowie je gut die Hälfte des Zwiebelgrüns und der Petersilie unter die Linsen mischen. Restliche Zwiebelringe, übrige Petersilie und die Mandeln daraufstreuen.

RITTER KOKOSNUSS

Hier sind tapfere Nussknacker gefragt, denn in Kokosnüssen steckt viel Gutes: vor allem jede Menge gesundes Fett, das hilft, den Insulinspiegel niedrig zu halten bzw. zu senken. Genial, vor allem wenn man sich dafür dieses herrliche Aroma gönnen darf, das nach Sonne, Urlaub, Strand und Palmen schmeckt!

ZUTATENLISTE

- 60 g frisches Kokosnussfleisch (siehe Tipp Seite 72)
- 8 g Ingwer
- ½ Mango (ca. 100 g)
- 8 g Koriandergrün
- 1 gelbe Mini-Paprikaschote
- 2 Stangen Staudensellerie

FÜR DEN SMOOTHIE

ZUTATENLISTE PLUS

- 1–2 EL Limettensaft
- 200 ml Kokoswasser (oder kaltes Wasser)

Kokosnuss in Stücke schneiden. Ingwer schälen und grob hacken. Mango schälen, das Fruchtfleisch vom Stein und dann in Würfel schneiden. Koriandergrün waschen, trocken schütteln und – bis auf einige Blätter für die Deko – grob schneiden. Paprika längs halbieren, entkernen, waschen und grob schneiden. Vom Sellerie nur das Grün waschen und grob schneiden. Alles mit 1 bis 2 EL Limettensaft und Kokoswasser oder Wasser im Mixer fein pürieren. Den Smoothie in ein Glas füllen und mit Koriander dekorieren.

ZUTATENLISTE PLUS

- Saft von ½ Limette
- (brauner) Zucker
- Salz · Pfeffer aus der Mühle

FÜR DEN SALAT

Kokosnuss mit dem Sparschäler in lange Streifen hobeln. Mango schälen und das Fruchtfleisch mit dem Sparschäler in Streifen vom Stein schneiden. Falls die Mango zu weich ist, das Fruchtfleisch vom Stein und dann in kleine Würfel schneiden. Paprika längs halbieren, entkernen, waschen und längs in Streifen schneiden. Sellerie waschen und putzen. Grün beiseitelegen, die Stangen in schmale Scheiben schneiden. Vorbereitete Zutaten in eine Schüssel geben.

Ingwer schälen, ganz fein hacken und mit einem Großteil des Limettensafts sowie 1 bis 2 Prisen Zucker so lange verrühren, bis sich der Zucker aufgelöst hat. Koriandergrün waschen, trocken schütteln und grob schneiden. Selleriegrün klein schneiden. Die Limettensaftmischung über die Salatzutaten gießen, mit Salz und Pfeffer würzen. Koriander- und Selleriegrün dazugeben und alles vorsichtig mischen. Den Salat 15 Minuten durchziehen lassen, dann nochmals mit Salz, Pfeffer, 1 Prise Zucker und Limettensaft abschmecken.

Kokosnussfleisch in Stücken gibt es fertig abgepackt in der Gemüse- bzw. Obstabteilung von gut sortierten Supermärkten zu kaufen. Übrigens: Die mittelkettigen Fettsäuren der Kokosnuss werden vom Körper direkt in Energie umgewandelt und nicht als Fett gespeichert – also Fett, das satt und gesund statt rund macht.

BACK IN BLACK

„Cavalo nero“, das hört sich doch richtig edel an. Und auch geschmacklich ist der toskanische Schwarzkohl wesentlich milder und feiner als der „gemeine“ Grünkohl. An gesunden Inhaltsstoffen hat der Italiener ebenso viele zu bieten wie sein deutscher Verwandter. Hier gibt es also keine langen Diskussionen, ob man Schwarz oder Grün wählen sollte.

ZUTATENLISTE

- 180 g Schwarzkohl
- 2 orangefarbene Mini-Paprikaschoten (ca. 50 g)
- 60 g gelbe Cocktailtomaten
- 2 Stiele Basilikum
- 1–2 EL Zitronensaft

FÜR DEN SMOOTHIE

ZUTATENLISTE PLUS

- 3 getrocknete Datteln (ohne Stein)
- 120 ml kaltes Wasser

Schwarzkohl putzen und waschen, dabei den Strunk und sehr dicke Blattrippen entfernen. Nach Belieben 2 bis 3 Blätter für die Deko beiseitelegen, restliche Blätter grob schneiden. Paprikaschoten längs halbieren, entkernen, waschen und in grobe Stücke schneiden. Tomaten waschen und halbieren. Basilikum waschen, trocken schütteln und die Blätter abzupfen. Vorbereitete Zutaten mit dem Zitronensaft in den Mixer geben. Datteln klein schneiden und mit dem Wasser in den Mixer geben. Alles fein pürieren. Den Smoothie in ein Glas füllen und nach Belieben mit Schwarzkohl dekorieren.

ZUTATENLISTE PLUS

- 60 g Fladenbrot
- 1 Knoblauchzehe
- 4 EL Olivenöl
- Salz
- 1 TL Ahornsirup
- 1½ EL Rotweinessig
- Pfeffer aus der Mühle

FÜR DEN SALAT

Backofen auf 200 °C vorheizen. Brot in 2 cm große Würfel schneiden. Knoblauch schälen, durchpressen und mit 2 EL Olivenöl verrühren. Brotwürfel mit dem Knoblauchöl bepinseln oder beträufeln und auf einem Backblech im Ofen auf der mittleren Schiene 10 bis 15 Minuten goldbraun rösten. Herausnehmen und abkühlen lassen.

Den Schwarzkohl putzen und waschen, dabei den Strunk und sehr dicke Blattrippen entfernen. Die Blätter quer in etwa 1 cm breite Streifen schneiden, mit 1 Prise Salz und 1 EL Zitronensaft mischen, durchkneten und kurz ziehen lassen.

Inzwischen die Paprikaschoten längs halbieren, entkernen, waschen und in dünne Streifen schneiden. Tomaten waschen und halbieren oder vierteln. Basilikum waschen und trocken schütteln, die Blätter abzupfen und in grobe Streifen schneiden.

Ahornsirup, Essig und restliches Olivenöl verrühren, mit Salz und Pfeffer würzen. Schwarzkohl, Paprika, Tomaten, Basilikum und Brot in einer Schüssel mit dem Dressing mischen. Den Salat 15 Minuten ziehen lassen, dann nochmals mit Salz und Pfeffer abschmecken.

ROSA RINGELREIHEN

Kennen Sie Ringelbete? Noch nicht? Dann wird es höchste Zeit! Die weiß-pink gestreiften Schönheiten schmecken milder als ihre dunkelroten Schwestern, enthalten aber ebenfalls jede Menge Betain, das als Stimmungsaufheller wirkt. Man bekommt garantiert schon gute Laune, wenn man sie einfach nur aufschneidet und anschaut.

ZUTATENLISTE

- 1 Ringelbete (Tonda di Chiogga, ca. 90 g)
- ½ Kohlrabi (mit Blättern, ca. 120 g)
- 1 kleiner Apfel (ca. 90 g)
- 1 EL Zitronensaft
- 1 EL getrocknete Sauerkirschen (aus dem Bioladen oder Reformhaus)

FÜR DEN SMOOTHIE

ZUTATENLISTE PLUS

- 200 ml kaltes Wasser

Ringelbete und Kohlrabi schälen und in grobe Stücke schneiden. Den Apfel waschen, vierteln, entkernen und in grobe Stücke schneiden. Die vorbereiteten Zutaten sofort mit Zitronensaft, Sauerkirschen und Wasser im Mixer fein pürieren. Den Smoothie in ein Glas oder zum Mitnehmen in eine Flasche füllen.

ZUTATENLISTE PLUS

- 2 EL Kürbiskerne
- 1 EL Ahornsirup
- 1 ½ EL Weißweinessig
- 2 EL Apfelsaft
- Salz · Pfeffer aus der Mühle
- 4 EL Rapsöl

FÜR DEN SALAT

Die Kürbiskerne in einer Pfanne ohne Fett rösten, bis sie knistern und duften. Herausnehmen und abkühlen lassen.

Ringelbete und Kohlrabi schälen und in feine Scheiben hobeln oder schneiden, dabei die Kohlrabiblätter beiseitelegen. Den Apfel waschen, vierteln, entkernen und in möglichst feine Würfel schneiden. Die Apfelwürfel sofort im Zitronensaft wenden.

Für das Dressing Ahornsirup mit Essig, Apfelsaft sowie etwas Salz und Pfeffer verrühren, dann das Öl kräftig unterschlagen. Die Apfelwürfel unterheben. Sauerkirschen und Kürbiskerne nach Belieben grob hacken. 2 bis 3 zarte Kohlrabiblätter samt Stielen waschen, trocken schütteln und nach Belieben in feine Streifen schneiden.

Die Ringelbete und die Kohlrabi abwechselnd überlappend auf einem Teller auslegen, leicht mit Salz und Pfeffer würzen und mit dem Dressing beträufeln. Kürbiskerne, Sauerkirschen und Kohlrabigrün auf dem Salat verteilen.

Sollten Sie keine Ringelbete bekommen, können Sie natürlich auch einfach Gelbe oder Rote Bete verwenden. In allen Knollen steckt reichlich Betain, ein Stoff, der die Blutwerte auf natürliche Weise verbessern kann.

TO GO

SALAT
DE LUXE

LITTLE PRINCESS

Märchen haben meist einen wahren Kern. Im Fall von Rapunzel gelüstete es die Mutter vielleicht deshalb so sehr nach Salat, weil sie wusste, dass darin jede Menge Gutes für sie selbst und ihr Kind steckt. Wer also feste Knochen, straffes Bindegewebe und schönes Haar möchte, sollte öfter Feldsalat – in manchen Gegenden „Rapunzel“ genannt – essen.

ZUTATENLISTE

- 70 g Feldsalat
- 1 Birne (z. B. Forelle)
- 30 g roséfarbene Weintrauben
- 1 EL Zitronensaft
- 6 Walnusskerne
- 1 EL Honig

FÜR DEN SMOOTHIE

ZUTATENLISTE PLUS

- 100 ml kaltes Wasser

Den Feldsalat verlesen, putzen, waschen und leicht trocken schütteln. Die Birne waschen, vierteln, entkernen und in grobe Stücke schneiden. Die Trauben waschen und von den Stielen zupfen. Die vorbereiteten Zutaten mit Zitronensaft, Walnüssen, Honig und Wasser im Mixer fein pürieren. Den Smoothie in ein Glas füllen.

FÜR DEN SALAT

ZUTATENLISTE PLUS

- 1 EL Butter
- 2 EL Balsamico bianco
- 3 EL Wasser
- Salz · Pfeffer aus der Mühle
- 2 EL Walnussöl (oder Olivenöl)

Den Feldsalat verlesen, putzen, waschen und trocken schleudern. Die Birne waschen, vierteln und entkernen. Die Viertel längs in schmale Spalten schneiden und diese sofort im Zitronensaft wenden. Die Trauben waschen, von den Stielen zupfen, halbieren und eventuell entkernen. Die Walnüsse grob hacken und in einer Pfanne ohne Fett rösten, bis sie leicht duften, dann herausnehmen.

Die Pfanne säubern und die Butter darin zerlassen. Die Birnenspalten darin andünsten, dabei einmal wenden. Den Honig dazugeben und alles gut durchschwenken. Mit Essig und Wasser ablöschen und kurz aufkochen lassen. Vom Herd nehmen, die Birnenspalten im Sud lauwarm abkühlen lassen, dann aus dem Garsud nehmen.

Den Sud mit Salz und Pfeffer würzen, dann das Öl kräftig unterschlagen. Den Feldsalat in einer Schüssel mit Trauben und Dressing mischen, die Birnenspalten unterheben. Mit Walnüssen bestreuen.

FÜR DIE LUXUS-SATTMACHER-VARIANTE

70 g festen Brie oder Camembert in grobe Stücke schneiden und mit den Walnüssen auf dem Salat verteilen.

Feldsalat gilt als einer der gesündesten Salate überhaupt: Er enthält neben viel Vitamin C, Vitamin A, Eisen, Kalzium und Magnesium auch reichlich Folsäure. Diese ist vor allem für Schwangere sehr wichtig, weil sie das Zellwachstum des Kindes fördert.

INDIAN SUMMER

Wie wäre es mit einem kleinen Vitamin- und Eiweiß-Power-Paket, bevor die kühle Jahreszeit beginnt? Im Spätsommer gibt es noch knackig-frische Rote Bete mit Grün, in dem noch mehr Vitalstoffe stecken als in der Knolle selbst. Und Mungobohnensprossen liefern pflanzliches Protein, das nicht nur Vegetarier gut gebrauchen können.

ZUTATENLISTE

- 1 Rote Bete (mit Grün, ca. 120 g)
- 1 Möhre (ca. 70 g)
- 15 g glatte Petersilie
- 80 g Brombeeren
- 20 g Mungobohnensprossen (oder Alfalfasprossen)
- 1 EL Sonnenblumenkerne
- 1 EL Kürbiskerne

FÜR DEN SMOOTHIE

ZUTATENLISTE PLUS

- 1 EL Olivenöl
- 1 EL Zitronensaft
- 200 ml kaltes Wasser

Von der Roten Bete 2 bis 3 zarte Blätter abschneiden, waschen und grob zerzupfen. Die Knolle putzen, schälen und in grobe Stücke schneiden. Möhre putzen, schälen und grob schneiden. Petersilie waschen, trocken schütteln und grob hacken. Brombeeren vorsichtig waschen und abtropfen lassen. Sprossen in einem Sieb mit kochend heißem Wasser übergießen, kalt abbrausen und abtropfen lassen. Alles mit Sonnenblumen- und Kürbiskernen, Olivenöl, Zitronensaft und Wasser im Mixer fein pürieren. Dem Smoothie nach Belieben mit Honig oder Agavendicksaft süßen und in ein Glas füllen.

ZUTATENLISTE PLUS

- 1 EL Balsamico bianco
- 2 EL Zitronensaft
- 2 EL Olivenöl
- Salz · Pfeffer aus der Mühle

FÜR DEN SALAT

Sonnenblumen- und Kürbiskerne in einer Pfanne rösten, bis sie knistern und duften. Herausnehmen und abkühlen lassen.

Damit die Rote Bete nicht alle anderen Zutaten rot färbt, alle Zutaten zuerst nebeneinander getrennt auf einem Teller bereitstellen: Von der Roten Bete die Blätter abschneiden, waschen, gut trocken schütteln und quer in feine Streifen schneiden. Die Knolle putzen, schälen und auf der Rohkostreibe grob raspeln. Die Möhre putzen, schälen und ebenfalls grob raspeln. Die Petersilie waschen, trocken schütteln und grob zerzupfen. Die Sprossen in einem Sieb mit kochend heißem Wasser übergießen, kalt abbrausen und gut abtropfen lassen. Brombeeren vorsichtig waschen und trocken tupfen.

Essig, Zitronensaft und Olivenöl gründlich verrühren, mit Salz und Pfeffer würzen. Das Dressing mit allen übrigen vorbereiteten Zutaten in einer Schüssel mischen und sofort genießen. Dazu passt perfekt ein leicht geröstetes Vollkornbrot.

SALAT
DE LUXE

WINZERS WONNE

Wenn das goldene Laub fällt, sollte man häufiger zu Feldsalat und Radicchio greifen: Beide haben einen ganz eigenen, charakteristischen Geschmack. Feldsalat hat außerdem von allen Salaten den höchsten Vitamingehalt, Radicchio besitzt abwehrstärkende Bitterstoffe. Das süße, gesunde Gegengewicht wird hier in Form von Obst gleich mitgeliefert.

ZUTATENLISTE

- 50 g Feldsalat
- 50 g Radicchio
- 1–2 rote Pflaumen (ca. 200 g)
- 50 g grüne Weintrauben
- 1 EL Pinienkerne

FÜR DEN SMOOTHIE

ZUTATENLISTE PLUS

- 1 EL Ahornsirup

Den Feldsalat verlesen, putzen, waschen und trocken schütteln. Den Radicchio putzen, dabei den harten Strunk entfernen, waschen und in grobe Streifen schneiden. Die Pflaumen waschen, halbieren, entsteinen und grob schneiden. Die Trauben waschen und von den Stielen zupfen. Die vorbereiteten Zutaten mit den Pinienkernen im Mixer fein pürieren. Den Smoothie mit Ahornsirup süßen und in ein Glas füllen.

FÜR DEN SALAT

ZUTATENLISTE PLUS

- 1 Zweig Thymian
- 1 TL Zucker
- 80 ml Orangensaft
- 2 EL Portwein
- 1½ EL Aceto balsamico
- Chiliflocken
- 2 EL Olivenöl
- Salz · Pfeffer aus der Mühle

Thymian waschen und trocken schütteln, die Blättchen abzupfen und fein hacken. Den Zucker in einer kleinen beschichteten Pfanne bei mittlerer Hitze goldgelb karamellisieren lassen. Mit Orangensaft, Portwein und Essig ablöschen und bei mittlerer Hitze etwa auf die Hälfte einköcheln lassen.

Inzwischen Pflaumen waschen, halbieren, entsteinen und in dünne Spalten schneiden. Im Sud mit Thymian und 1 Prise Chiliflocken bei schwacher Hitze 1 bis 2 Minuten ziehen lassen, vom Herd nehmen und abkühlen lassen. Pinienkerne in einer Pfanne ohne Fett goldbraun rösten und abkühlen lassen.

Den Feldsalat verlesen, putzen, waschen und trocken schleudern. Radicchio putzen, dabei den harten Strunk entfernen, und waschen. Die Blätter grob zerzupfen und trocken schleudern. Die Trauben waschen, von den Stielen zupfen und eventuell entkernen. Olivenöl unter den Pflaumengarsud schlagen, das Dressing mit Salz und Pfeffer würzen. Salate auf einem Teller auslegen, Trauben und Pflaumen daraufgeben. Den Salat mit dem Dressing beträufeln und mit Pinienkernen bestreuen.

FÜR DIE LUXUS-SATTMACHER-VARIANTE

60 g Gorgonzola mit den Fingern grob zerbröckeln und zusätzlich auf dem Salatteller verteilen.

DREAM

HALLOWEEN-MONSTER

Im Herbst muss es einfach Kürbis sein – aber diesmal nicht als Suppe, sondern knackig roh im Smoothie oder ofenfrisch auf einem Salat. Die Farbe des Smoothies erinnert zwar etwas an ein gruseliges Schlamm-Monster. Aber das Monster hat einen guten Kern: viel Betakarotin, das zellschädigende freie Radikale in die Flucht schlägt.

ZUTATENLISTE

- 1 Stück Hokkaidokürbis (ca. 150 g)
- 60 g Endiviensalat
- 1 Orange
- 2 EL Kürbiskerne

FÜR DEN SMOOTHIE

ZUTATENLISTE PLUS

- 5 g Ingwer
- 150 ml kaltes Wasser
- ½ TL Zimtpulver

Aus dem Kürbis Kerne und Fasern herausschneiden, das Fruchtfleisch mit Schale (etwa 120 g) in kleine Würfel schneiden. Endiviensalat putzen, waschen und grob schneiden. Die Orange halbieren und den Saft auspressen. Den Ingwer schälen und grob schneiden. Die vorbereiteten Zutaten mit Kürbiskernen, Wasser und Zimtpulver im Mixer fein pürieren. Den Smocthie in ein Glas füllen.

ZUTATENLISTE PLUS

- 1 TL Olivenöl
- Salz · Pfeffer aus der Mühle
- 1½ EL Aceto balsamico
- 2 EL Kürbiskernöl (ersatzweise Olivenöl)

FÜR DEN SALAT

Den Backofen auf 180 °C vorheizen. Ein Backblech mit Backpapier auslegen. Aus dem Kürbis Kerne und Fasern herausschneiden, das Fruchtfleisch mit Schale in schmale Spalten schneiden. Kürbisspalten im Olivenöl wenden, auf das Blech legen, mit Salz und Pfeffer würzen. Im Ofen auf der mittleren Schiene 25 bis 30 Minuten garen, dabei zwischendurch einmal wenden.

Inzwischen die Kürbiskerne in einer Pfanne ohne Fett rösten, bis sie knistern und duften. Herausnehmen und abkühlen lassen. Den Endiviensalat putzen, waschen, trocken schleudern, in mundgerechte Stücke zupfen und auf einem Teller auslegen. Die Orange halbieren. Eine Hälfte so großzügig schä.en, dass auch die weiße Haut mit entfernt wird. Die Hälfte in Scheiben schneiden und diese dann vierteln. Die Orangenstücke auf den Salat geben.

Die zweite Orangenhälfte auspressen und 3 EL Saft mit dem Essig verrühren. Mit Salz und Pfeffer würzen und das Kürbiskernöl unterschlagen. Kürbis aus dem Ofen nehmen, ganz kurz abkühlen lassen, dann noch warm auf dem Salat verteilen und alles mit dem Dressing beträufeln. Mit Kürbiskernen bestreuen und sofort genießen.

Knabbern macht lustig, zumindest, wenn man sich öfter Kürbiskerne gönnt. Sie enthalten Tryptophan, eine Aminosäure, die an der Produktion des Glückshormons Serotonin beteiligt ist: schön, dass gute Laune so gut schmecken kann!

SALAT DE LUXE

GRÜNES JUWEL

Zugegeben, das Auslösen der Granatapfelkerne macht ein bisschen Mühe. Aber schon der Anblick der roten Kerne, die wie kleine Rubine auf dem grünen Salatbett funkeln, entschädigt dafür. Und auch für die Figur ist das Superfood ein echter Schatz: Obwohl es fruchtig-süß schmeckt, hält es den Zuckerspiegel niedrig und hilft dadurch beim Abnehmen.

ZUTATENLISTE

- 70 g Baby-Mangold
- 30 g Rucola
- 1 Bio-Orange
- 100 g ausgelöste Granatapfelkerne (ca. 1/2 großer Granatapfel)

FÜR DEN SMOOTHIE

ZUTATENLISTE PLUS

- 1–2 EL Agavendicksaft

Mangold und Rucola verlesen, waschen und leicht trocken schütteln. Grobe Stiele entfernen, alle Blätter grob schneiden. Die Orange halbieren und den Saft auspressen. Die vorbereiteten Zutaten mit den Granatapfelkernen im Mixer fein pürieren. Den Smoothie mit Agavendicksaft süßen und in ein Glas füllen.

FÜR DEN SALAT

ZUTATENLISTE PLUS

- 1 ½ EL Weißweinessig
- ½ TL (körniger) Dijonsenf
- 3 EL Olivenöl
- Salz · Pfeffer aus der Mühle

Mangold und Rucola verlesen, waschen und trocken schleudern, grobe Stiele entfernen. Die Orange waschen und trocken reiben. ½ TL Schale abreiben, am besten mit einem Zestenreißer. Dann die Orange so großzügig schälen, dass auch die weiße Haut mit entfernt wird, dabei den Saft auffangen. Die Orange quer in dünne Scheiben schneiden, dabei ebenfalls den Saft auffangen.

Für das Dressing den aufgefangenen Orangensaft und die -schale mit Essig, Senf und Olivenöl gut verrühren. Das Dressing mit Salz und Pfeffer abschmecken.

Mangold und Rucola mit dem größten Teil des Dressings mischen und auf einen Teller geben. Orangenscheiben und Granatapfelkerne darauf- geben, leicht untermischen und alles mit dem übrigen Dressing beträufeln. Etwas Pfeffer grob darübermahlen.

FÜR DIE LUXUS-SATTMACHER-VARIANTE

2 runde Ziegenfrischkäse (à 40 g) in Stücke schneiden oder quer halbieren. 1 Zweig Rosmarin waschen und trocken tupfen, die Nadeln abzupfen und grob hacken. Den Ziegenfrischkäse auf dem Salat verteilen und mit dem Rosmarin bestreuen.

SEXY BUNNY

Häschen würden diesen gesunden Wurzelcocktail garantiert auch lieben: Möhren und Pastinaken sind eng miteinander verwandt, kalorienarm und voller gesunder Inhaltsstoffe, die unsere Abwehrkräfte stärken. Ein Tröpfchen Öl sollte auch hier sein, damit unser Körper das fettlösliche Betakarotin aus den Möhren aufnehmen kann.

ZUTATENLISTE

- 1 große Möhre (ca. 150 g)
- 1 Stück Pastinake (ca. 100 g)
- 1 Orange
- 5 Minzeblätter
- 1 TL getrocknete Cranberrys
- 1 EL Mandelstifte
- 1 Msp. Zimtpulver

FÜR DEN SMOOTHIE

ZUTATENLISTE PLUS

- 1 EL Zitronensaft
- 180 ml kaltes Wasser
- 2 Spritzer Olivenöl

Möhre und Pastinake putzen, schälen und in grobe Stücke schneiden. Die Orange halbieren und den Saft auspressen. Die Minzeblätter waschen. Möhre, Pastinake, Orangensaft, Minze, Cranberrys, Mandeln, Zimt, Zitronensaft, Wasser und Olivenöl im Mixer fein pürieren. Den Smoothie nach Belieben mit Honig süßen und in ein Glas füllen.

FÜR DEN SALAT

ZUTATENLISTE PLUS

- 1 EL Honig
- 2–3 EL Zitronensaft
- 1–2 Msp. Chilipulver
- Salz · Pfeffer aus der Mühle
- 2 EL Olivenöl

Möhre und Pastinake putzen, schälen und auf der Rohkostreibe in feine Stifte raspeln oder hobeln. Die Orange halbieren. Aus einer Hälfte den Saft auspressen. Die andere Orangenhälfte so großzügig schälen, dass auch die weiße Haut mit entfernt wird. Die Orange in Scheiben und diese nach Belieben in kleinere Stücke schneiden.

Den Orangensaft mit Honig, 2 EL Zitronensaft und Chilipulver verrühren. Mit Salz und Pfeffer würzen und das Olivenöl unterschlagen. Die Möhren- und Pastinakenraspel in einer Schüssel mit dem Dressing mischen. Die Cranberrys unterheben und den Salat 15 Minuten durchziehen lassen.

Inzwischen die Mandelstifte in einer Pfanne ohne Fett goldbraun rösten, dann herausnehmen und abkühlen lassen. Minze waschen, trocken tupfen, in feine Streifen schneiden und unter den Salat mischen. Nochmals mit Salz, Pfeffer und Zitronensaft abschmecken, dann mit Zimt und Mandeln bestreuen.

Genau wie Pastinaken kann Zimt dabei helfen, den Blutzuckerspiegel zu senken und sogar den Fettabbau zu fördern. Das wohlig warme Gefühl, das beim Essen des Gewürzes entsteht, ist keine Einbildung: Ähnlich wie Chili regt auch Zimt die Durchblutung an und führt zu einer Wärmeentwicklung, die Energie und auch Kalorien verbrennt.

WINTER-SONNENSCHEIN

Man kann fast schon riechen, wie gesund Fenchel ist: Seine ätherischen Öle bringen die Verdauung auf Trab und stärken den Magen. Außerdem ist er wie Orange und Zitrone eine echte Vitamin-C-Bombe und deshalb genau das Richtige, um das Immunsystem zu Beginn der kühlen Jahreszeit gegen die anrollenden Erkältungswellen zu wappnen.

ZUTATENLISTE

- 1 kleine Fenchelknolle (ca. 120 g)
- 1 Orange
- 6 Physalis
- 10 Mandeln
- 2 EL Zitronensaft

FÜR DEN SMOOTHIE

ZUTATENLISTE PLUS

- 125 ml kaltes Wasser

Den Fenchel putzen, waschen und samt Strunk und Grün grob schneiden. Die Orange so großzügig schälen, dass auch die weiße Haut mit entfernt wird, und eventuell vorhandene Kerne herauslösen. Die Orange in grobe Stücke schneiden. Die Physalis aus den Hüllen lösen und waschen. Die vorbereiteten Zutaten mit Mandeln, Zitronensaft und Wasser im Mixer fein pürieren. Nach Belieben noch Kokosblütensirup untermixen. Den Smoothie in ein Glas oder eine Flasche füllen.

FÜR DEN SALAT

ZUTATENLISTE PLUS

- 1 kleine rote Zwiebel
- 5 schwarze Oliven (ohne Stein, in Öl eingelegt)
- 2 EL Olivenöl
- Salz · Pfeffer aus der Mühle

Die Mandeln grob hacken und in einer Pfanne ohne Fett goldbraun rösten. Aus der Pfanne nehmen und abkühlen lassen.

Den Fenchel putzen, waschen und halbieren. Das Grün beiseitelegen, die Hälften quer in schmale Streifen schneiden. Die Orange so großzügig schälen, dass auch die weiße Haut mit entfernt wird, dabei den Saft auffangen. Die Filets zwischen den einzelnen Trennhäuten herausschneiden, dabei ebenfalls den Saft auffangen. Die Zwiebel schälen und in feine Ringe schneiden. Die Physalis aus den Hüllen lösen, waschen und halbieren. Die Oliven nach Belieben in Ringe schneiden.

Aufgefangenen Orangensaft, Zitronensaft und Olivenöl zu einem Dressing verrühren, mit Salz und Pfeffer würzen. Das Fenchelgrün fein hacken. Fenchel, Orangenfilets, Physalis, Zwiebel und Oliven in einer Schale mit dem Dressing mischen. Den Salat kurz ziehen lassen, dann nochmals mit Salz und Pfeffer abschmecken und mit Mandeln sowie Fenchelgrün bestreuen.

Physalis oder Kapstachelbeeren, wie die kleinen goldgelben Früchte in den papierartigen Hüllblättern auch genannt werden, stecken voller Vitamine. 60 g davon decken z. B. den täglichen Vitamin-A-Bedarf und stärken damit nicht nur unsere Sehkraft, sondern sind auch ein wirksames Mittel gegen Hautunreinheiten und Akne.

SUPER GREEN HERO

So grün, so gesund, so lecker! Diese Mischung macht rundum satt und kann sogar Fleisch ersetzen: Grünkohl liefert reichlich pflanzliches Protein, Avocado und Pekannüsse steuern gesunde Fette bei. Und auch mit den süßen Datteln tut man sich Gutes, denn sie halten den Cholesterinspiegel niedrig und verhindern Heißhunger auf andere Süßigkeiten.

ZUTATENLISTE

- 50 g Grünkohl
- ½ reife Avocado
- 2 gelbe Mini-Paprikaschoten (ca. 40 g)
- 2 Bio-Orangen
- 2 getrocknete (Medjool-) Datteln
- 5 Pekannusskerne
- 1 EL Zitronensaft

ZUTATENLISTE
PLUS

- 125 ml kaltes Wasser

FÜR DEN SMOOTHIE

Grünkohl waschen und trocken schütteln, die Blätter von den groben Stielen schneiden. Aus der Avocadohälfte den Stein entfernen, das Fruchtfleisch mit einem Löffel aus der Schale lösen und grob schneiden. Paprika längs halbieren, entkernen, waschen und in Stücke schneiden. Orangen halbieren und auspressen. Datteln entsteinen und klein schneiden. Alles mit Pekannüssen, Zitronensaft und Wasser im Mixer fein pürieren. Nach Belieben Kokosblütensirup untermixen. In ein Glas oder eine Flasche füllen.

ZUTATENLISTE
PLUS

- 2 EL Balsamico bianco
- 1 EL Honig
- 1 Msp. gemahlener Safran
- 120 ml Wasser
- 2 EL Olivenöl
- Salz · Pfeffer aus der Mühle

1 Orange heiß waschen und halbieren. Eine Hälfte in dünne Scheiben schneiden, dabei Schale und Kerne entfernen. Die Scheiben mit 1 EL Essig, Honig, Safran und Wasser in einem Topf 45 bis 60 Minuten offen köcheln lassen, bis sie ganz weich sind und die Flüssigkeit sirupartig eingekocht ist. Orangenscheiben im Sirup abkühlen lassen, anschließend im Sirup mit dem Stabmixer fein pürieren. 2 EL Püree mit dem restlichen Essig und dem Olivenöl verrühren. Übrige Orangenhälfte auspressen. So viel Orangensaft unter das Dressing rühren, bis es dickflüssig ist. Mit Salz und Pfeffer würzen.

FÜR DEN SALAT

Grünkohl waschen und trocken schütteln. Blätter von den inneren groben Stielen schneiden, in mundgerechte Stücke zupfen und mit 1 TL Zitronensaft und 1 Prise Salz durchkneten. Avocadohälfte entsteinen und schälen, Fruchtfleisch quer in Scheiben schneiden und mit 1 TL Zitronensaft mischen. Paprika längs halbieren, entkernen, waschen und klein schneiden. Zweite Orange so großzügig schälen, dass auch die weiße Haut mit entfernt wird. Die Orange in Scheiben schneiden und diese vierteln. Datteln längs halbieren, entsteinen und längs in schmale Streifen schneiden. Pekannüsse grob hacken.

Grünkohl, Paprika, Avocado, Orangenviertel und je zwei Drittel der Datteln und Nüsse in einer Schale mit dem Dressing mischen. Salat mit Salz und Pfeffer würzen, mit Datteln und Nüssen bestreuen.

BELLYDANCE

Wer unter einem trägen Magen leidet, sollte es einmal mit dieser Mischung versuchen: Heimischer Rotkohl, tropische Ananas, Koriander und Ingwer bringen die Verdauung auf ganz natürliche Weise in Schwung und sorgen für eine schlanke Linie. Und weil Ananas den Stimmungsaufheller Serotonin enthält, gibt's gute Laune on top!

ZUTATENLISTE

- 1 Stück Rotkohl (ca. 120 g)
- 1 Stück Ananas (ca. 120 g)
- 1 Stange Staudensellerie (mit Grün)
- 5 g Koriandergrün
- 5 g Ingwer
- 1 ½ EL Limettensaft
- ¾ TL brauner Zucker

FÜR DEN SMOOTHIE

ZUTATENLISTE PLUS

- 120 ml kaltes Wasser
- 1 TL Kokosmus (aus dem Bioladen)

Vom Rotkohl die äußeren Blätter und den harten Strunk entfernen, den Kohl waschen und in grobe Streifen schneiden. Die Ananas schälen und den harten Strunk herausschneiden, das Fruchtfleisch in grobe Stücke schneiden. Den Sellerie putzen, dabei das Grün entfernen, und waschen. Die Selleriestange in grobe Stücke schneiden. Das Koriandergrün waschen, trocken schütteln und grob hacken. Ingwer schälen und grob hacken. Die vorbereiteten Zutaten mit Limettensaft, Wasser, Kokosmus und nach Belieben etwas Zucker im Mixer fein pürieren. Den Smoothie in ein Glas füllen.

ZUTATENLISTE PLUS

- Salz
- 2 Msp. Chiliflocken
- 1–1 ½ EL Weißweinessig
- 2 EL Sonnenblumenöl
- Pfeffer aus der Mühle

FÜR DEN SALAT

Vom Rotkohl die äußeren Blätter und den harten Strunk entfernen, den Kohl waschen und in feine Streifen schneiden oder hobeln. Mit 1 guten Prise Salz, ½ EL Limettensaft, Zucker und Chiliflocken kräftig durchkneten (dazu am besten Einmalhandschuhe tragen, da der Kohl stark färbt) und 20 Minuten ziehen lassen.

Die Ananas schälen und den harten Strunk herausschneiden, das Fruchtfleisch in kleine Stücke schneiden. Den Sellerie putzen und waschen. Das Grün fein hacken, die Stange längs halbieren und in kleine Stücke schneiden. Das Koriandergrün waschen, trocken schütteln und grob hacken. Den Ingwer schälen und fein hacken.

Den Essig mit dem Öl verrühren, das Dressing mit Salz und Pfeffer würzen. Kohl, Ananas, Sellerie und Ingwer in einer Schale mit dem Dressing mischen. Den Salat mit Salz, Pfeffer und Limettensaft abschmecken, dann das Koriander- und Selleriegrün unterheben.

Rotkohl sollte man sich nicht nur als Beilage zu Gans und Knödeln gönnen: Roh und frisch ist er nämlich ein prima Vitamin-C-Lieferant. Seine tiefviolette Farbe ist übrigens nicht nur etwas fürs Auge. Die dafür verantwortlichen Anthozyane können Alterungsprozesse verzögern und sind somit beste Anti-Aging-Medizin.

GREEN-EYED BEAUTY

Sie wollen den totalen Durchblick? Dann versuchen Sie es mal mit der Kombination aus Grünkohl und Mango: Beide haben reichlich Vitamin A im Gepäck, das wichtig für eine gute Sehkraft ist. Ein Löffelchen Öl gibt es extra dazu, um das fettlösliche Vitamin auch richtig aufzuschließen. Vielleicht kann die Brille dann ja im Etui bleiben …

ZUTATENLISTE

- 70 g junger Grünkohl
- 2 EL Limettensaft
- ½ Mango (ca. 200 g, oder 1 große Kaki)
- 2 EL Kürbiskerne
- 1 EL getrocknete Cranberrys

FÜR DEN SMOOTHIE

ZUTATENLISTE PLUS

- 1 TL Olivenöl
- 250 ml kaltes Wasser

Den Grünkohl waschen und trocken schütteln, die Blätter jeweils vom inneren groben Stiel schneiden und grob zerzupfen. Mit Limettensaft in den Mixer geben. Die Mango schälen, das Fruchtfleisch vom Stein und in grobe Stücke schneiden. Mangostücke, Kürbiskerne, Cranberrys, Olivenöl und Wasser zum Grünkohl in den Mixer geben und alles fein pürieren. Den Smoothie in ein Glas füllen.

ZUTATENLISTE PLUS

- Salz
- 1 TL körniger Senf
- 1 TL Honig
- 2 EL Aceto balsamico
- 2 ½ EL Olivenöl
- Pfeffer aus der Mühle
- 125 g Büffelmozzarella (oder Burrata)

FÜR DEN SALAT

Den Grünkohl waschen und trocken schütteln, die Blätter jeweils vom inneren groben Stiel schneiden und in mundgerechte Stücke zupfen. Mit 1 EL Limettensaft und 1 Prise Salz durchkneten und kurz ziehen lassen.

Inzwischen die Mango schälen, das Fruchtfleisch vom Stein und in mundgerechte Würfel schneiden. Restlichen Limettensaft mit Senf, Honig, Essig und 2 EL Olivenöl verrühren. Das Dressing mit Salz und Pfeffer würzen. Die Kürbiskerne in einer Pfanne ohne Fett rösten, bis sie knistern und duften. Herausnehmen und abkühlen lassen. Die Cranberrys grob hacken. Mozzarella oder Burrata trocken tupfen und mit den Fingern in grobe Stücke zupfen.

Grünkohl, Mango und zwei Drittel der Cranberrys in einer Schale mit dem Dressing mischen. Käse mit Kürbiskernen und restlichen Cranberrys darauf verteilen. Etwas Pfeffer grob darübermahlen und das restliche Olivenöl darüberträufeln.

Falls Sie eine Kaki bekommen können, sollten Sie den Salat unbedingt einmal damit zubereiten. Die Früchte enthalten reichlich adstringierende Gerbstoffe, die entzündungshemmend sind und beruhigend auf Magen und Darm wirken. In noch nicht reifen Kakis sorgen die Gerbstoffe allerdings auch für einen recht herben Geschmack.

SALAT
DE LUXE

GRÜNES BIEST

In Grünkohl und Gelben oder Bunten Beten schlummern jede Menge gesunder Karotinoide – vorausgesetzt, man kitzelt sie mit etwas Fett wach: Nur so können sie nämlich ihre Wirkung in unserem Körper entfalten. Damit Sie hier Ihr Fett so lecker wie möglich abbekommen, kommt ein Löffel Mandelmus in den Smoothie oder Salat.

ZUTATENLISTE

- 100 g Grünkohl
- 1 Gelbe Bete (ca. 90 g)
- 1 kleine Möhre (ca. 60 g)
- 2 EL Zitronensaft
- 1 EL weißes Mandelmus (aus dem Bioladen)

FÜR DEN SMOOTHIE

ZUTATENLISTE PLUS

- 150 ml kaltes Wasser
- ½ Banane (in Stücken, tiefgekühlt)

Den Grünkohl waschen und trocken schütteln, die feinen Blätter jeweils vom inneren groben Stiel schneiden und grob zerzupfen. Gelbe Bete und Möhre putzen, schälen und grob schneiden. Alles mit Zitronensaft, Mandelmus, Wasser und den gefrorenen Bananenstücken im Mixer cremig pürieren. Den Smoothie in ein Glas füllen.

FÜR DEN SALAT

ZUTATENLISTE PLUS

- Salz
- ½ rote Zwiebel
- ca. ½ TL Ahornsirup
- 1 TL Misopaste
- 1 TL Sojasauce
- 3–4 EL Wasser
- Pfeffer aus der Mühle
- 1 Spritzer Chilisauce (z. B. Sriracha)

Den Grünkohl waschen und trocken schütteln, die feinen Blätter jeweils vom inneren groben Stiel schneiden und klein zupfen. Sofort mit 1 TL Zitronensaft und 1 Prise Salz verkneten und 30 Minuten ziehen lassen. Gelbe Bete und Möhre putzen und schälen. Gelbe Bete auf der Rohkostreibe in feine Scheiben hobeln, die Möhre grob raspeln. Die Zwiebel schälen und in feine Ringe schneiden.

Mandelmus mit übrigem Zitronensaft, ½ TL Ahornsirup, Misopaste, Sojasauce und Wasser glatt verrühren. Mit Salz, Pfeffer und Chilisauce würzen. Grünkohl, Möhre, Gelbe Bete und Zwiebel in einer Schale mit dem Dressing mischen. Den Salat nochmals mit Salz, Pfeffer und eventuell Ahornsirup abschmecken.

FÜR DIE LUXUS-SATTMACHER-VARIANTE

40 g rote Quinoa in einem Sieb heiß abbrausen, um die Bitterstoffe herauszuwaschen, und abtropfen lassen. Anschließend in einem Topf in etwa 80 ml Gemüsebrühe aufkochen, zugedeckt bei schwacher Hitze etwa 20 Minuten garen und dann auf der ausgeschalteten Herdplatte ausquellen lassen. Quinoa lauwarm oder vollständig abkühlen lassen und unter den Salat mischen.

Reines Mandelmus ist der perfekte Ersatz für fette Nuss-Nougat-Creme auf dem Frühstücksbrot: Mandeln helfen erwiesenermaßen, den Cholesterinspiegel zu senken, und liefern gesunde Fettsäuren, die vor Herz-Kreislauf-Erkrankungen schützen.

SALAT
DE LUXE

BURNER BITTERINO

Sauer macht lustig und bitter schlank – zumindest im Fall von Chicorée und Grapefruit trifft das zu, denn beide sind perfekte Fatburner. Die Avocado enthält dagegen reichlich gesundes Fett, das satt, aber trotzdem nicht dick macht. Im Gegenteil: Wissenschaftler fanden heraus, dass es sogar den Fettabbau beschleunigen kann!

ZUTATENLISTE

- 1 Chicorée (ca. 50 g)
- 5 g Ingwer
- 1 rosa Grapefruit
- ½ reife Avocado
- 1 EL Zitronensaft

FÜR DEN SMOOTHIE

ZUTATENLISTE PLUS

- 3 getrocknete Aprikosen
- 250 ml kaltes Wasser

Chicorée putzen, dabei den Strunk herausschneiden, und waschen. Die Blätter grob schneiden. Ingwer schälen und grob hacken. Grapefruit halbieren und den Saft auspressen. Aus der Avocadohälfte den Stein entfernen. Das Fruchtfleisch mit einem Löffel aus der Schale lösen, grob schneiden und mit dem Zitronensaft mischen. Aprikosen klein schneiden. Die vorbereiteten Zutaten mit dem Wasser im Mixer fein pürieren. Den Smoothie in ein Glas füllen.

FÜR DEN SALAT

ZUTATENLISTE PLUS

- Salz · Pfeffer aus der Mühle
- 1 EL Sojasauce
- 1 EL süßsaure Chilisauce
- 2 EL Sonnenblumenöl

Chicorée putzen, dabei den Strunk herausschneiden, waschen und in die einzelnen Blätter teilen. Die Grapefruit so großzügig schälen, dass auch die weiße Haut mit entfernt wird. Die Filets zwischen den Trennhäuten herausschneiden, dabei den Saft auffangen. Aus der Avocadohälfte den Stein entfernen. Die Avocado schälen und das Fruchtfleisch längs in dünne Spalten schneiden, diese sofort im Zitronensaft wenden. Chicorée, Avocado und Grapefruitfilets auf einem Teller auslegen und leicht mit Salz und Pfeffer würzen.

Ingwer schälen und fein reiben oder sehr fein hacken. Mit aufgefangenem Grapefruitsaft, Sojasauce, Chilisauce und Öl gründlich verrühren. Das Dressing über den Salat träufeln und alles nach Belieben mit Schnittlauchröllchen bestreuen.

FÜR DIE LUXUS-SATTMACHER-VARIANTE

Den Backofengrill auf 250 °C vorheizen. 1 TL Sojasauce, 1 TL süßsaure Chilisauce, ½ TL Honig und 1 EL Öl verrühren. 150 g Lachsfilet (ohne Haut) mit der Marinade bepinseln, in eine ofenfeste Form legen und unter dem Grill auf der oberen Schiene 8 bis 10 Minuten garen, zwischendurch einmal wenden. Herausnehmen, lauwarm abkühlen lassen und auf dem Salat anrichten.

TIP-TOP-TOPINAMBUR

Klein, aber oho! Wer befürchtet, nach einem Schüsselchen Salat oder einem Glas Smoothie gleich wieder Hunger zu bekommen, sollte einmal diesen Mix versuchen. Topinambur ist zwar sehr kalorienarm, aber vollgepackt mit wertvollen Ballaststoffen: Die machen lange satt, regen die Verdauung an und fördern eine gesunde Darmflora.

ZUTATENLISTE

- 75 g Babyleaf-Mischung (Mischung junger Blattsalate)
- 3 Topinambur (ca. 100 g)
- 2 Mandarinen
- 1 EL Zitronensaft
- 1 EL Sonnenblumenkerne

FÜR DEN SMOOTHIE

ZUTATENLISTE PLUS

- 180 ml kaltes Wasser

Die Salatmischung verlesen, waschen und leicht trocken schleudern. Topinambur schälen und in grobe Stücke schneiden. Mandarinen schälen. Die vorbereiteten Zutaten mit Zitronensaft, Sonnenblumenkernen und Wasser im Mixer fein pürieren. Den Smoothie in ein Glas füllen.

FÜR DEN SALAT

ZUTATENLISTE PLUS

- 1 EL Aceto balsamico
- ½ TL Dijonsenf
- Salz · Pfeffer aus der Mühle
- 3 EL Olivenöl
- 3 Zweige Thymian

Die Salatmischung verlesen, waschen und trocken schleudern. Topinambur schälen, in etwa 5 mm dicke Scheiben schneiden und sofort mit dem Zitronensaft mischen. 1 Mandarine so großzügig schälen, dass auch die weiße Haut mit entfernt wird. Die Mandarine in ihre Segmente teilen und diese quer halbieren.

Die zweite Mandarine halbieren und den Saft auspressen. Essig, Senf und 3 EL Mandarinensaft verrühren. Mit Salz und Pfeffer würzen und 1½ EL Olivenöl unterrühren. Thymian waschen und trocken schütteln, die Blättchen abzupfen und fein hacken.

Sonnenblumenkerne in einer Pfanne ohne Fett goldbraun rösten, herausnehmen. Das restliche Olivenöl in die Pfanne geben und die Topinamburscheiben darin bei mittlerer Hitze goldbraun braten. Mit Salz und Pfeffer würzen, den Thymian unterrühren und kurz mitbraten. Dann mit etwas Mandarinensaft ablöschen und die Topinamburscheiben weiterbraten, bis sie gar sind und der Saft verdampft ist. Vom Herd nehmen und lauwarm abkühlen lassen.

Den Salat in einer Schale mit den Mandarinenstücken mischen und die Topinamburscheiben daraufgeben. Mit dem Dressing beträufeln und mit Sonnenblumenkernen bestreuen.

JUICE

M

O

P

R

S

T

W/Z

Kaiserstraße 14 b
D-80801 München

ISBN 978-3-89883-640-1
1. Auflage 2016

Projektleitung: Kathrin Ullerich
Lektorat: Karin Kerber
Grafische Gestaltung: kral & kral design, München
Satz: Julia Arzberger
Foodfotografie: Anke Schütz
Fotoassistenz: Kirsten Petersen
Foodstyling: Diane Dittmer
Herstellung & Producing: Jan Russok
Druck & Bindung: optimal media GmbH, Röbel

Die ZS Verlag GmbH ist ein Unternehmen
der Edel AG, Hamburg.
www.zsverlag.de | www.facebook.com/zsverlag